...Rêves en flocons

HAIKUS BLANCS DE L'HIVER

Lydia MONTIGNY

Haïkus blancs de l'Hiver

Mentions légales

© 2022 Lydia MONTIGNY

Édition : BoD – Books on Demand, info@bod.fr
Impression : BoD – Books on Demand, In de Tarpen 42, Norderstedt (Allemagne)

Impression à la demande

ISBN : 978-2-3224-4175-4
Dépôt légal : Octobre 2022

Dans le ciel polaire

La voie lactée s'illumine-

Empreinte d'Ourse

Bise d'hiver blanc

Caresse de ses flocons

Un joli nez rouge

Grignoter l'hiver

Flambée dans la cheminée

Pomme cannelle

Etoile de neige

Posée sur la truffe blanche

L'hermine blanche

Journée allongée

Les yeux posés dans le ciel

La fatigue bleue

Un envers pour lire

Un endroit pour écrire

Un rêve debout

Sapin de Noël

Couleurs étincelantes

Une papillote

Mesurer un rêve

En quelques milliers d'étoiles

Sourire solaire

Instant de détente

S'assoir au bord des rêves

Avoir le vertige

Plage silencieuse-

Un chapeau abandonné

Un sourire clair

Inventer la forme

De cette ombre qui s'endort

Mirage au zénith

Une fleur flotte

Cherchant les reflets d'été

Sur une flaque d'eau

Dans un ciel de glace

Envolée de plumes blanches

Un si-gne gracieux

Un mouvement noir

De l'encre sur la page

L'histoire s'écrit

Des traces de pas

Sur la meringue blanche

Le grand ours polaire

Au pays des ombres

La mélancolie s'éveille

Vif éclat de rire

Lune océane

Ecume coiffant les vagues

Un grain de sable

Atteindre le ciel

Du bout de ses rêveries-

Azur de tes yeux

Le silence blanc

Tombe du ciel en voltigeant

Pétales d'Eden

Imiter le faux

Est plus honorifique

Qu'imiter le vrai

Larmes de l'orage

Sur l'injustice humaine

Le torrent sauvage

Oublier demain

Ramasser un souvenir

Instant de tendresse

Journée sans complexe

Déambuler sans question

Réalité nue

Mélanger les genres

Horizon de toutes saisons

Poudre d'arc en ciel

Nuit de coton blanc

Epoussetant ses rêves

Jardin sous la neige

Histoire d'un monde

Aventure de l'innocence

Ecole buissonnière

La forêt en fête

Scintillant de mille étoiles

Un traineau passe

Rester sous la couette

Emmitoufler ses espoirs

Oreiller polaire

Fondre doucement

Sous le feu de son regard

Chocolat-piment

Bonheur de l'hiver

En mille petits soleils

Mimosas en fleurs

Trouver la recette

Secret d'une poésie

Sublime bonheur

L'hiver gèle l'instant

Dans son grand sablier blanc

Cerise givrée

Mouvement d'un rêve

Effleurant la raison

Danser en silence

Nuit de Lune blême

Dansant sur le lac d'argent

La reinette chante

Journée à rêver

Mouvements des images

Rire dans tes yeux

Silence glacial

Sur le marbre de l'hiver

Le temps patine

Pensée d'insomnie

Blanche dans le silence

Etoile filante

Journée sauvage

Dans la jungle de l'art

Tatouage en relief

Matin d'hiver hâve

Décolorer le sommeil

Vert espérance

Journée de silence

Se noyer dans un miroir

Narcisse blanche

Mirage du brouillard

Silhouette mouvante

Ecouter les pas

Bruissement des ailes

De l'oiseau du paradis

Fraîcheur de l'étang

Jours doux pour les blés

Saut d'une dentelle ronde

Chandeleur dorée

Dans le froid blanc

Figer le vol des oiseaux

Un perce neige

Journée lecture

Imaginer tous les mots

Lire entre les lignes

Prendre tout le temps

Offrir un sourire au vent

Aimer doucement

Confidence d'hiver

Une silhouette immobile

Le banc inconnu

Chaleur dans l'hiver

Valse sous la mousse blanche

Le café viennois

Dessiner la mer

Devenir petite vague

Le rire d'un enfant

Le vent éclabousse

Le ciel de feuilles rousses

L'automne l'effarouche

Excuser le temps

Oublier le lendemain

Sablier de vent

Sourire au ciel

Elégance involontaire

Marcher dans le vent

Soleil sur l'hiver

Bruissant dans le silence

La mésange bleue

Ecrire des mots clairs

Sur des pages de sagesse

Un parfum d'encens

Douceur du Printemps

Accrocher les fleurs du temps

Au regard des arbres

Ecouter l'hiver

Fondre dans un champ de fleurs

L'heure du coucou

L'hiver attise

L'ambre doux d'un feu de bois

Le chat ronronne

Exil de ce temps

Sur un livre qui se ferme

Marquer la page

Tiédeur du soleil

Sur la campagne timide

Une souris verte

Ombre dans la nuit

Fuyant les rayons de lune

La chouette effraie

Dans la boue lourde

Un souvenir immobile

Signature de l'hiver

Servir la soupe

Redoubler de prudence

La louche louche

Attiser l'hiver

Habiter un souvenir

Brûlante absence

Soir de vieillesse

S'alanguir de souvenirs

Image incertaine

Un rayon de printemps

Un jardin s'émoustillant

L'abeille s'éveille

L'hiver s'en va las

De ses plus beaux frimas

Un brin d'herbe verte

Ménage de printemps

Grand vent de pétales roses

Le papillon vole

Bourrasque de neige

Sur les cerisiers en fleurs

L'artiste hésite

Dans le lourd brouillard

L'hiver sale traine les pieds

Un perce neige

Fonte de l'hiver

En joyeuses rivières

Le soleil tout blanc

Arbre de cristal

Eblouissement polaire

Petit renard roux

Marcher dans la neige

Rire d'éblouissement

Les étoiles aussi

Neige de pétales

Révérence de l'hiver

Le rossignol chante

Feuilles éparpillées

Dans le grand parc déserté

Courir en riant

Parapluie fermé

Une neige silencieuse

Visages ravis

Silhouette noire

Sur l'immense manteau blanc

Le merle sautille

Couverture blanche

Légèreté de l'hiver

Les flocons de strass

Ciel de flocons blancs

Sur la campagne ébahie

Mouton amusé

Nuages légers

Traversant le monde entier

La pointe des pieds

Livres précédents (BoD)

* *Dans le Vent (VII 2017)*
* *Ecrits en Amont (VIII 2017)*
* *Jeux de Mots (VIII 2017)*
* *Etoile de la Passion (VIII 2017)*
* *As de Cœur (XI 2017)*
* *Pensées Eparses et Parsemées (XI 2017)*
* *Le Sablier d'Or (XI 2017)*
* *Rêveries ou Vérités (I 2018)*
* *Couleurs de l'Infini (II 2018)*
* *Exquis Salmigondis (V 2018)*
* *Lettres Simples de l'être simple (VI 2018)*
* *A l'encre d'Or sur la Nuit (X 2018)*
* *A la Mer, à la Vie (XI 2018)*
* *Le Cœur en filigrane (XII 2018)*
* *Le Silence des Mots (III 2019)*
* *La Musique Mot à Mot (IV 2019)*
* *Les 5 éléments (V 2019)*
* *Univers et Poésies (VIII 2019)*
* *Les Petits Mots (X 2019)*
* *Au Jardin des Couleurs (XI 2019)*
* *2020 (XII 2019)*
* *Nous... Les Autres (X 2020)*
* *Ombre de soie (III 2020)*   *.../...*

.../...

- *Les Jeux de l'Art (IV 2020)*
- *Harmonie (VI 2020)*
- *La source de l'Amour (VIII 2020)*
- *Au pays des clowns (X 2020)*
- *365 (XI 2020)*
- *L'Amour écrit... (XII 2020)*
- *Haïkus du Colibri (II 2021)*
- *Le Bonzaï d'Haïkus (IV 2021)*
- *Blue Haïku (V 2021)*
- *Avoir ou ne pas Avoir (VII 2021)*
- *Haïkus du Soleil (VIII 2021)*
- *Equinoxe (XI 2021)*
- *Un jour... Un poème (XII 2021)*
- *50 nuances d'Amour (VI 2022)*
- *Haïkus de l'Eté (VIII 2022)*